📖 **주제**

· 대화   · 공감   · 표현   · 친구

📖 **활용 학년 및 교과 연계**

초등 과정	1-2 국어	4. 자신있게 말해요
	2-1 국어	10. 다른 사람을 생각해요
	3-2 국어	5. 바르게 대화해요
	4-2 국어	3. 바르고 공손하게
	4-2 사회	4. 가족의 형태와 역할 변화
	5학년 도덕	5. 갈등을 해결하는 지혜
	5-1 사회	2. 인권 존중과 정의로운 사회
	5-1 국어	1. 대화와 공감
	5-2 국어	1. 마음을 나누며 대화해요
		6. 타당성을 생각하며 토론해요
	6-1 국어	4. 주장과 근거를 판단해요
	6-1 과학	1. 과학자처럼 탐구해 볼까요?

왜 내 말만 안 들어 줘?

초등 첫 인문철학왕
왜 내 말만 안 들어 줘?

초판 1쇄 발행 2023년 3월 30일

글쓴이·해설 이영주 | **그린이** 채원경
기획편집 이정희 | **편집** 박주원
디자인 문지현 이유리 | **생각 실험 디자인** 김윤현

펴낸이 이경민 | **펴낸곳** ㈜동아엠앤비
출판등록 2014년 3월 28일(제25100-2014-000025호)
주소 (03972) 서울특별시 마포구 월드컵북로22길 21, 2층
전화 (편집) 02-392-6901 (마케팅) 02-392-6900 | **팩스** 02-392-6902
홈페이지 www.moongchibooks.com | **전자우편** damnb0401@naver.com | **SNS** 📘 📷 blog

ISBN 979-11-6363-609-0(74100)

※ 잘못된 책은 구입한 곳에서 바꿔 드립니다.
※ 이 책에 실린 사진은 셔터스톡, 위키피디아, 게티이미지뱅크(코리아)에서 제공받았습니다. 그 밖의 제공처는 별도 표기했습니다.

도서출판 뭉치는 ㈜동아엠앤비의 어린이 출판 브랜드로, 아이들의 지식을 단단하게 만들어 주고,
아이들의 창의력과 사고력을 키워 주어 우리 자녀들이 융합형 사고뭉치와 창의뭉치로
성장할 수 있도록 좋은 책을 만들겠습니다.

'질문'의 힘! '생각'의 힘!
'미래 인재'로 가는 힘!

어린이와 학부모님들께 《초등 첫 인문철학왕》을 추천할 수 있어서 매우 기쁩니다. 어린이들이 이 시리즈를 통해 '나'에 대해, 나와 공동체 사이의 소통에 대해, 세상의 이치와 진리에 대해 마음껏 질문하고 생각하기를 바라기 때문입니다. 그렇게 되면 창의적으로 문제를 해결하는 힘 또한 커질 수 있다고 믿기 때문이지요.

'제4차 산업혁명의 시대'라는 말처럼 우리는 모든 것이 혁신적으로 변화하는 시대에 살고 있습니다. 스마트폰, 인공 지능, 첨단 로봇 등 새로운 기술과 지식이 나오는 속도도 이전과 비교할 수 없을 정도로 빨라졌지요. 세상에 넘쳐나는 지식과 정보는 이제 누구나 쉽게 구할 수 있고, 개인의 두뇌에 담아낼 수 있는 용량을 넘어선 지 오래입니다. 결국 이 시대의 아이들에게 필요한 것은 지식보다는 그 지식을 다루는 지혜와 창의성 아닐까요?

7차 교육과정 개정 이후 학교 교육도 이러한 시대 흐름에 맞추어 미래 사회가 요구하는 인문학적 상상력과 과학기술 창조력을 두루 갖춘 창의융합형 인재를 양성하는 것을 목표로 합니다.

'철학'은 '지혜를 사랑하는'이란 뜻을 가진 말입니다. 이 학문은 여러분처럼 모든 것에 호기심 많았던 철학자들로부터 시작됩니다. 아주 오래전부터 인간, 사회, 자연, 우주, 진리 등 다양한 분야에서 다른 사람들보다 더 깊이, 더 많이, 그리고 아주 끈질기게 했던 수많은 질문과 탐구를 히며 만들어졌습니다.

마치 높은 곳에 올라가면 마을 전체를 내려다볼 수 있는 넓은 시야를 얻게 되듯이, 철학을 한다는 것은 하나의 문제를 더 큰 눈으로 볼 수 있게 되는 것이랍니다. 그러면 어떤 점이 좋을까요? 더 넓게 보는 눈, 더 깊이 있게 보는 눈, 다른 사람들이 생각하지 못한 부분들을 상상하고 찾아낼 수 있는 눈이 생깁니다. 또 우리 앞의 문제들을 자신만의 창의적인 방법으로 해결할 수도 있고, 그 문제를 해결하다가 다른 더 큰 문제를 발견하여 미리 처리할 수도 있습니다.

《초등 첫 인문철학왕》은 바로 그러한 생각의 눈을 아주 활짝 열어 줄 것입니다. 주제와 관련된 재미있는 동화, 이와 연결된 깊이 있는 인문 해설과 철학특강, 창의·탐구 활동 등으로 구성된 시리즈는 아이들이 세상에 넘쳐 나는 지식을 지혜롭게 다루는 힘을 길러서, 문제해결력을 갖춘 창의적 인재로 성장할 수 있게 해 줄 것입니다.

그러니 이 책을 읽으며 여러 분야에서 떠오르는 호기심과 질문들을 혼자만 가지고 있지 말고 친구, 가족과도 나누어 보시길 바랍니다. 모두가 질문하고 생각하는 힘이 생긴다면, 어려운 문제들을 함께 해결해 나가는 공동체를 만들 수 있겠지요?

이 책을 읽는 여러분들 모두, 그런 멋진 공동체를 하나둘 만들어 나가는 지혜로운 미래 인재가 되기를 기대합니다.

이지애 드림
(이화여대 철학과 부교수, 한국 철학교육 학회 회장)

구성과 활용

초등 첫 인문철학왕
이렇게 활용하세요!

생각 실험

생각 실험은 어떤 사실을 알기 위해 여러 가지 실험과 사례를 연구하는 것이에요. 철학이나 자연 과학 분야 등에서 널리 사용되는 방법이에요. 권마다 주제에 관련된 실험, 유명한 인물의 사례 등을 읽으며 상상력과 문제 해결력을 키워 보세요.

만화 & 동화

인문 철학 주제별로 아이들의 생활 세계 속 이야기, 패러디 동화 등이 다양하게 펼쳐져요. 처음과 중간은 만화, 본문은 그림 동화로 되어 있어서, 재미난 이야기에 푹 빠질 수 있어요.

인문철학왕되기

오랫동안 어린이들과 함께 철학 수업을 연구하고 진행해 온 한국 철학교육연구원 소속 교수와 연구진들이 집필했어요.

소쌤의 철학 특강, 인문 특강, 창의 특강으로 구성되었어요. 주제와 이야기 안에 숨겨진 철학적 문제들에 대해 함께 답을 찾아갈 수 있도록 깊이 있는 토론과 특강, 그리고 재미있는 활동으로 구성되었어요.

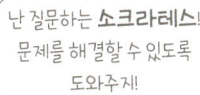

난 질문하는 **소크라테스**! 문제를 해결할 수 있도록 도와주지!

난 **뭉치**. 같이 생각하고 토론하지!

난 늘 창의적인 **새롬**이!

난 생각이 깊은 **지혜**!

교과 연계

각 권마다 최신 개정 교과서 단원과 연계되어 교과 학습에 도움이 되도록 구성되었어요. 권별로 확인하세요.

이 책의 차례

추천사 ··· 4

구성과 활용 ··· 6

생각 실험 인질범과 대화만으로
협상할 수 있을까? ································· 10

만화 모두가 싫어하는 목소리 ················· 20

왕목청 지나 ·· 22
인문철학왕되기1 대화가 꼭 필요할까?
소쌤의 창의 특강 대화하기 전에 한 번 더 생각해 보기

체육 시간에 벌어진 일 ································ 38
인문철학왕되기2 서로의 생각이 다를 땐 어떻게 해야 하지?
소쌤의 인문 특강 토론은 어떻게 하는 거지?

| 만화 | **지나 엄마의 옛날 이야기** ……………………………… **58**

지니의 말하기 과외 ……………………………………… **64**
- 인문철학왕되기3 · 상대방을 내 편으로 끌어들이는 방법!
- 소쌤의 철학 특강 · 설득을 잘하기 위한 조건

화해하는 아이들 ………………………………………… **90**
- 인문철학왕되기4 · 만일 나라면?
- 창의활동 · 대화 연습해 보기

생각실험

"인질범과 대화만으로 협상할 수 있을까?"

 2017년 경남 합천의 한 터널. 엽총으로 무장한 40대 남자가 어린 학생을 인질로 잡은 채 경찰과 대치 중입니다. 남자의 요구는 이혼한 아내를 만나게 해 달라는 것이었죠.

와, 인질범이라니 너무 무섭다!

경찰은 남자의 부모, 그리고 이혼한 아내를 현장으로 불러서 설득시켰고 남자는 5시간 만에 어린 학생을 풀어 줍니다. **놀랍게도 그 학생은 다름 아닌 남자 본인의 아들이었죠.**

> 인질을 풀어 준 뒤에 남자는 경찰의 공격에 대비해 신발 끈으로 엽총 방아쇠를 묶어 자신을 향하도록 해 놓았어요.

전문 협상팀과 경찰 200여 명이 무려 23시간 동안 남자와 대치했습니다. 날이 밝아 오고, 남자를 설득하던 전문 협상가는 인질범과 약 **20시간을 대화로 협상한 끝에 인질범의 마음을 돌렸습니다.** 그는 이내 총을 버리고 자수했지요.

2018년 개봉한 <협상>이라는 영화는 제작 과정에서 이 전문 협상가에게 자문을 구했대!

'경남 합천 터널 엽총 인질 사건'에서 인질범의 마음을 돌리고 체포하는 데 결정적인 역할을 했던 사람은 바로 우리나라에서 처음으로 위기 협상 전문가가 된 이종화 대표였습니다.

위기 협상 전문가란 인질 사건이나 자살 시도가 이루어지는 급박한 상황에서 상대와 협상을 진행하는 사람입니다.

이종화 대표는 위기 협상의 원칙을 이렇게 말했습니다.
"진정하라는 말을 들은 인질범은 '내가 지금 진정하게 생겼어?'라는 식으로 더한 흥분 상태에 빠지게 될 수 있습니다. 이해한다는 말은 진정성 없이 들리면서 인질범이 자신의 이야기에는 아무도 관심이 없다는 생각을 가지게 만들 수 있습니다."

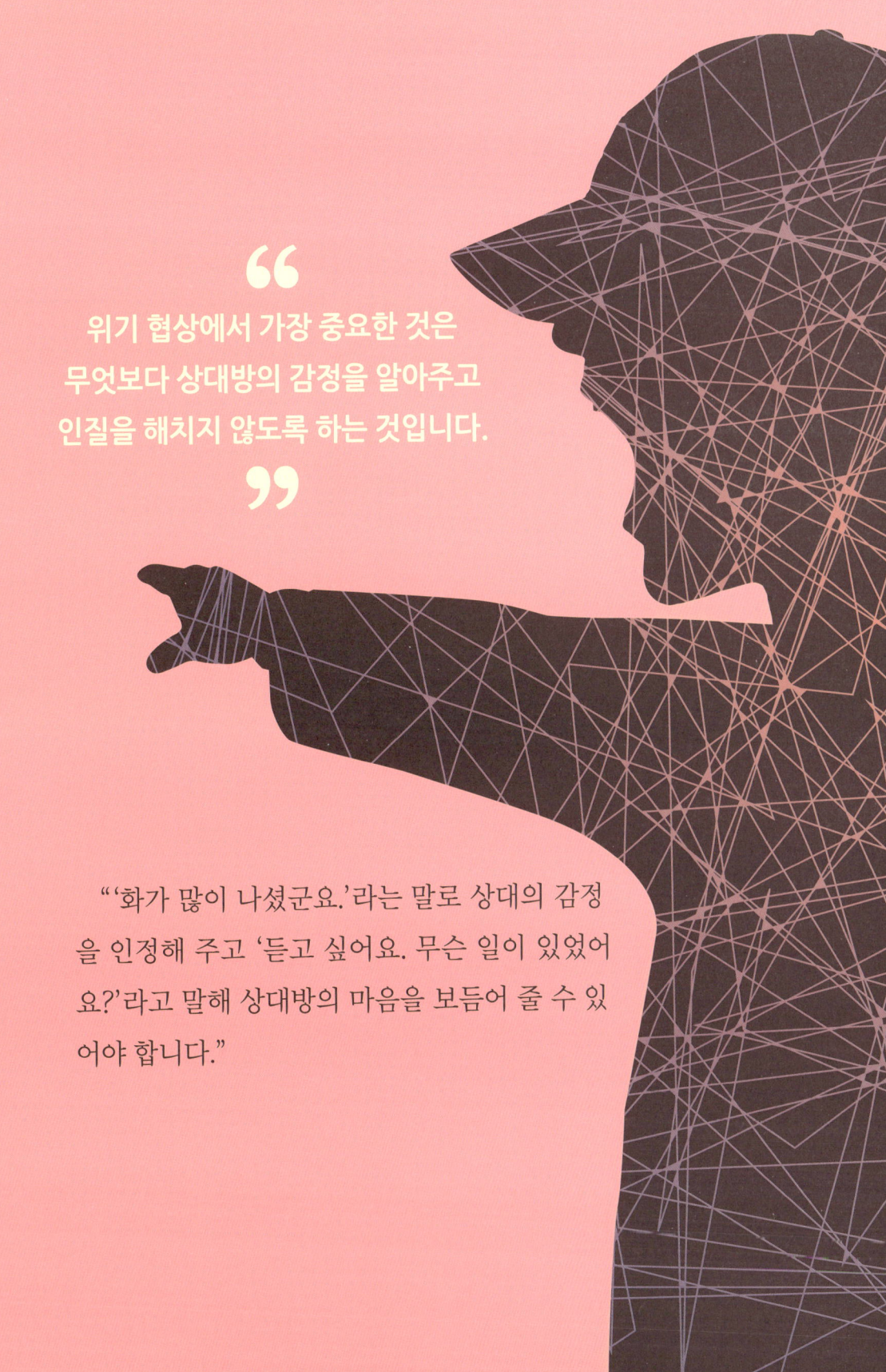

"위기 협상에서 가장 중요한 것은 무엇보다 상대방의 감정을 알아주고 인질을 해치지 않도록 하는 것입니다."

"'화가 많이 나셨군요.'라는 말로 상대의 감정을 인정해 주고 '듣고 싶어요. 무슨 일이 있었어요?'라고 말해 상대방의 마음을 보듬어 줄 수 있어야 합니다."

상대의 감정을 어루만져 주고 진지한 태도로 경청하는 자세. 인질극과 같은 위기의 순간뿐만 아니라 평상시에 사람들과 대화하고 소통할 때도 적용할 수 있는 '**대화의 기술**'입니다.

여러분은 자신만의 '대화의 기술'이 있나요?

왕목청 지나

3학년 2반 교실에 새 친구가 전학을 왔어요. 교실 문을 열고 들어온 전학생 주위로 아이들이 우르르 몰려들어요.

"너 이름이 뭐야?"

"용기, 전 용기!"

반 아이들은 용기랑 어떻게 친해질지 궁리하며 물었어요.

"야, 너 키가 왜 이렇게 커?"

키 크려고 밤마다 줄넘기를 하는 강단이가 부러운 듯 말했어요.

"엉? 난…… 안 커. 너보다 조금 큰 거지."

작은 소리로 짧게 끊어서 용기가 대답했어요.

이 말이 끝나자마자 옆에서 소란스러운 소방차와 같은 소리가 들렸어요.

"웬 잘난 척? 너 키 크다고 지금 강단이를 무시하는 거야?"

왕목청 지나였지요. 3학년 2반 아이들은 쩌렁쩌렁한 지나 목소리에 머리가 울렸어요.

전학 온 첫날부터 목소리 큰 여자애가 정신 사납게 말하는 것에 용기는 기분이 상할 대로 상했어요. 그런데 또 그 여자애가 퉁명스럽게 말을 걸었어요.

"야, 너 키가 몇이야?"

대뜸 남의 키는 왜 묻는 건지 속으로 '왕싸가지'라고 생각하면서 용기는 아예 못 들은 척하고 가만히 있었어요. 교실 창문까지 깨부술 듯한 지나의 목소리도 싫었고 처음 보는 자기를 비난하는 말투도 무서웠어요.

속으로 '저런 아이는 상대도 하지 말아야 해.'라고 여러 번 되뇌었지요.

지나는 대답도 않는 용기를 흘겨보았어요. 그러고는 강단이에게 제 딴에는 속삭이듯 말을 하는데 워낙 목소리가 큰지라 이 말도 3학년 2반 모든 아이 귀에 다 들렸어요.

"넌 우리 반에서 제일 작아서 땅꼬마잖아. 그린데 쟤는 너가 작지 않다고 거짓말하잖아! "

'콜록' 당황한 나머지 작게 헛기침을 한 용기는 강단이에게 대놓고 '땅꼬마'라고 부르는 지나가 영 못마땅했어요. 생긴 모습을 놀리는 것은 못된 행동이라고 엄마가 여러 번 말했었거든요. 못 들은 척했지만 자기더러 거짓말쟁이라 대놓고 말하는 그 애를 보고 있자니 화딱지가 났어요.

수업 내내 '용기는 거짓말쟁이'라는 말이 귀에 맴돌아서 도무지 집중할 수가 없었어요. 저런 애랑 한 반이 된 게 다 아빠 탓 같아서 원망하는 마음까지 들었어요. 괜히 이사를 와서 이상한 학교에 다니게 되었으니 살던 동네로 가자고 집에 가서 졸라야겠다고 마음먹었어요.

기분이 나쁜 것은 강단이도 마찬가지예요. 강단이는 전학 온 용기랑 친해지고 싶어 먼저 말을 걸었을 뿐인데, 지나가 용기에게 거짓말쟁이라고 대놓고 말하는 통에 분위기가 이상해졌거든요.

그때 눈치도 없는 지나가 "거짓말하는 애랑 놀면 안 돼! 우리 엄마는 거짓말이 제일 나쁜 거래!" 하며 분위기를 망쳤어요.

강단이는 용기에게 미안해서 귀가 빨개졌어요. 괜히 키 크다고 말했다가 벌어진 일이라서 용기에게 뭐라고 말을 해야 할지 몰라 멀뚱멀뚱 허공만 쳐다봤어요. 모여 있던 친구들도 그만 각자 자리로 돌아갔어요.

자리에는 앉았지만 강단이는 생각할수록 분했어요. 키가 좀 크다고 자기더러 말끝마다 '땅꼬마'라고 부르는 지나가 미웠어요. 자존심도 상했고요.

키가 작은 거지 생각도 작은 것은 아니잖아요? **그런데 지나나 다른 어른들이 종종 '쪼그만 게', '아직 어린 게'라는 말을 해서 강단이 기분을 상하게 했어요.**

"왜 나만 갖고 그래?"

"내가 뭘 잘못했다고 그래?"

"왜 내 말을 못 알아들어?"

강단이는 이 말을 달고 살아요. 사람들이 자기를 깔보는 것 같아서 억울하기 짝이 없어요.

전학 온 첫날부터 기분이 상한 용기는 서둘러 집에 갔어요. 현관 비밀번호를 누르고 집 안에 들어서는데 거실 소파에 누워 자는 엄마가 보였어요. 귀 밝은 엄마가 삐삐삐삐 비밀번호 누르는 소리도 못 듣고 자는 것을 보니 엄청 피곤했나 봐요.

용기는 살금살금 걸어가서 엄마가 자는 소파 밑에 가방을 베고 누웠어요. 용기는 옛날 친구들이 보고 싶었어요. 레고로 로봇을 잘 만들던 보민이가 그리웠어요. 돌봄 교실에서 같이 큐브 맞추기 하던 강윤이 얼굴도 천장에 그려졌어요. 다정한 강윤이를 생각하니 눈물이 주루룩 흘렀어요. 그러다 용기도 까무룩 잠이 들었어요.

"용기야, 전용기. 일어나 밥 먹자!"
언제 오셨는지 아빠가 용기 팔을 흔들며 깨웠어요.
"어라? 용기야, 울었니?"

용기 눈가에 마른 눈물 자국을 보고 아빠가 걱정스럽게 물었어요.

"……."

부엌에서 엄마가 뛰다시피 나와서 걱정스런 얼굴로 무슨 일이 있었냐고 물었어요.

"아빠, 우리 다시 이사 가요. 나 여기 싫어요."

"왜? 뭔데? 학교에서 애들이 안 놀아 줘?"

말문을 닫아 버린 용기를 보고 있자니 답답해진 엄마가 한숨을 내쉬었어요.

아빠는 용기를 부엌으로 불러내어 용기가 좋아하는 짜장 라면을 끓여 주었어요.

입가에 잔뜩 시꺼먼 짜장을 묻힌 용기가 말했어요.

"난 거짓말 한 적 없는데…… 지나가 거짓말쟁이라고 놀렸어."

용기는 아빠에게 살던 동네로 가자고 마구 조를 참이에요. 아빠는 용기 편이니까 지나한테 당한 얘기를 하면 다시 이사 가자고 할지도 몰라요.

그런데 용기의 믿음과는 달리 아빠는 "첫날부터 오해가 있었네. 지나하고 말이 통하기만 한다면 금방 친해질 수 있을 거야."라고 말했어요.

하지만 용기는 아빠를 이해하기 어려웠어요. 지나랑 한 마디도 섞고 싶지 않은데 어떻게 말이 통할 수 있겠어요. 지나는 아무하고도 말이 안 통하는 아이인 것 같았어요.

"지나는 목소리만 엄청 커. 그리고 작다, 크다 뜻도 모르고 나한테 거짓말쟁이라고 화냈어. 자기는 무식쟁이면서!"

아빠는 씩씩거리는 용기를 달래고는 씻기 위해 화장실로 갔어요. 아빠도, 엄마도, 또 용기도 오늘 하루가 피로했기 때문에 일찍 잠자리에 들었어요.

한편, 지나는 침대에 누워서 낮 동안의 일에 대해 생각했어요. 지나는 용기를 처음 봤을 때, 자기랑 키가 비슷해서 좋았어요. 1학기 내내 지나 옆자리에는 아무도 없었거든요. 친구들보다 두 뼘 이상 큰 지나는 뒷 모둠 자리에 앉을 수밖에 없었는데 짝까지 없어서 여간 심심한 게 아니었어요. 그러니 전학 온 용기를 보고서 얼마나 반가웠겠어요.

그런데 이제 막 전학 온 애가 강단이를 놀렸다고 생각하니 아주 짜증났어요. 게다가 강단이는 우리 반에서 가장 조그만 아이인데, 눈이 있는 건지 없는 건지 용기는 강단이더러 작지 않다고 말하고 있잖아요!

선생님은 항상 솔직해야 한다고 말씀하셨어요. 거짓말은 습관이 된다고요. 그런데 저 왕재수는 전학 온 첫날부터 거짓말을 하지 뭐예요.

'쳇, 두고 보자! 앞으로 괴로울 거다.'

한편으로는 고소했어요. 용기의 거짓말이 아이들에게 딱 걸렸기 때문이지요. 이제 3학년 2반 아이들만큼은 저 거짓말쟁이 말을 믿지 않을 테니까요!

다음 날 아침, 지나는 잠을 잤는데도 개운하지 않았어요. 학교에서 거짓말쟁이 용기를 만날 생각을 하니 짜증까지 났어요. 밥맛도 없어서 엄마의 잔소리에 지나는 겨우 세 숟가락을 먹는 둥 마는 둥 했어요. 어제처럼 용기가 거짓말을 하기만 하면 박살을 내 버릴 것이라고 잔뜩 벼르며 학교로 출발했어요.

대화가 꼭 필요할까?

지나가 어떤 태도로 대화를 해야 친구들의 기분이 상하지 않을까요?

대화하기 전에 한 번 더 생각해 보기

잘못을 하지 않는 사람은 없어. 그래서 먼저 우리는 잘못했다는 사실을 깨닫는 것이 중요해. 잘못을 안다고 해서 잘못이 없어지는 것은 아니지만, 똑같은 잘못을 다시 하지 않도록 할 수는 있기 때문이지. 그렇기에 공자는 **"잘못이 있는데도 고치지 않는 것, 그것이야말로 잘못이라고 부른다."** 라고 말해. 문제를 해결하기 위해서, 누군가를 설득하기 위해서는 결국 자신의 잘못이 무엇인지 정확히 알고 있어야 돼. 그 다음에 대화를 통해 서로의 마음을 확인해야 하지.

"누구나 잘못을 할 수 있다.
단, 잘못을 고쳤을 때 사람들이 존경하게 된다."

공자

『논어』는 중국 춘추시대의 사상가 공자와 그 제자들의 언행을 기록한 유교 경전이다.

대화가 필요한 이유

① 내 생각을 친구나 부모님에게 정확하게 전하고 나에 대한 오해를 풀기 위해 대화를 합니다.

② 대화를 하지 않으면 내가 필요한 것을 얻을 수 없습니다.

③ 사람들 사이에 대화가 없으면 누구나 외로워집니다.

④ 대화를 해야 내가 어떤 사람인지, 무엇을 좋아하는지, 어떤 상태에 놓여 있는지를 알 수 있습니다.

⑤ 대화는 나의 문제를 해결해 줍니다.

흠, 대화를 하기 전에 내 행동을 먼저 돌아보라는 거지?

 # 체육 시간에 벌어진 일

이날 아침, 용기도 학교에 갈 준비를 하고 있었어요. 용기가 학교에 갈 때마다 엄마는 등 뒤에서 신신당부를 했어요.

"네가 원하는 것을 친구들이 알아듣게 잘 말해 봐! 용기야."

엄마는 말하지 않으면 아무도 내 마음을 모른다고 했어요.

용기와 엄마는 유전자가 다른가 봐요. 용기는 좋아도 싫어도 티를 잘 안 내고 말수도 적거든요.

아침부터 잔소리를 듣고 용기는 늦을까 봐 뛰어서 학교에 갔어요. 교실에서는 이미 아이들이 두 패로 나뉘어서 싸우고 있었어요. 씩씩거리는 모양새를 보니 남자아이들이 몰리고 있는 것 같아요.

문을 열고 들어오는 용기를 보자 강단이가 말했어요.

"용기야, 선생님이 체육 시간에 뭘 하고 싶은지 정하라는데 너는 뭐가 좋아?"

훅 들어오는 강단이의 질문에 용기는 얼떨떨했어요. 자세한 말도 안 해 주고 의견을 묻는 강단이를 용기는 쳐다보기만 했어요.

답답하다는 듯 유찬이가 거들었어요.

"줄넘기 하고 싶어? 부메랑 하고 싶어?"

"엉? 난······."

용기가 뜸을 들이는 순간 지나의 째지는 목소리가 날아왔어요.

"야, 걔는 이제 막 전학 왔는데 뭘 물어봐? 우리 의견이 더 중요하지!"

강단이가 화를 꾹꾹 참고 있는데 유찬이가 벌처럼 왕목청 지나에게 쏘아대듯 말했어요.

"용기도 우리 반이야! 말할 권리가 있어!"

목에 핏줄이 서 있는 왕목청도 가만 있을 리가 없어요.

"체육 시간은 지금까지 무엇을 해 왔는지 생각하면서 정하는 게 맞잖아. 그러니까 막 전학 온 아이 의견보다 계속 있었던 우리가 정하는 게 맞는 거야!"

지나를 싫어하는 여자애들까지 모두 지나 의견에 동의했어요.

"야, 왜 너희들끼리 정해?"

강단이가 노려보며 말했어요.
"우리들은 이미 정했어."
왕목청이 나서자 규리도 소리를 빽 질렀어요.
"됐거든! 우린 지나와 한편이야."
교실 분위기가 험악해지고 있을 때, 선생님이 들어왔어요.
잠시 조용해진 듯했지만 끝나지 않는 도돌이표 전쟁은 또 시작

되었어요.

선생님이 조용히 하라고 해도 아이들은 내내 싸우기만 했어요. 보다 못한 선생님이 말했어요.

"여러분, 이렇게 싸우기만 하면 운동장에 나가 체육을 하지 않겠어요."

시끌벅적하던 교실이 순식간에 조용해졌어요. 그건 안 될 말이었어요. 절대로요!

그때 선생님이 한 가지 제안을 하셨어요.

"자, 그럼 회의를 해 봐요. 줄넘기와 부메랑, 두 개 중에 무엇을 할지 상대편을 설득하는 시간을 갖고 나서 투표를 해 봅시다."

설득이라니! 아이들은 이게 왜 설득이 필요한 일인지 모르겠다는 듯 쳐다봤어요. 그렇지만 하는 수 없이 강단이와 유찬이를 에워싸고 남자아이들이 모였어요. 또 다른 한쪽에 지나와 규리를 중심으로 여자아이들이 모여 할 말을 정하고 있었어요. 전쟁은 시작되었어요.

선생님이 토론의 시작을 알렸어요.

"자, 이제 체육 시간에 어떤 종목을 할지, 토론을 시작하겠어요.

먼저 부메랑 팀이 말을 해 보세요."

말이 끝나자마자 유찬이가 벌떡 일어났어요.

"지금까지 체육 시간에 부메랑을 한 번도 하지 않았어요. 새로운 거 해 보고 싶어요."

말이 끝나자마자 규리도 지지 않고 소리쳤어요.

"저는 줄넘기를 언제 했었는지 오래 되어서 기억도 안 나요. 이번엔 줄넘기를 해요."

강단이도 이에 질세라 외쳤어요.

"줄넘기 한 적은 있지만 부메랑은 처음이에요."

"야! 부메랑은 놀이고 줄넘기는 체육이야!"

지나가 흥분해서 반말을 하는 바람에 교실이 또 난리가 났어요.

"뭐? 부메랑이 놀이라서 못 한다고? 그럼 지난 체육 시간에 한 그물 놀이는 놀이 아니야?"

유찬이가 지나를 노려보며 말했어요.

여자아이들도 지나를 거들다가 체육과 놀이가 뭐가 다른지 몰라서 서로 얼굴만 쳐다봤어요. 이제 아이들은 할 말이 다 떨어지자 화만 냈어요.

교실은 이미 야구 경기장처럼 시끄러웠어요. 용기는 아무 말 안

했지만 화가 난 듯 지나 쪽을 노려보고 있었어요.

지나는 그런 용기가 영 마음에 안 들었어요. 심지어 자기를 노려보는 용기가 무섭기까지 했어요. 말로 하면 되는데 왜 무섭게 노려보는 걸까요?

선생님이 칠판을 손으로 크게 쾅쾅쾅 치자 그제서야 아이들은 입을 닫았어요.

　교실이 조용해지고 아이들의 시선은 그동안 아무 말도 안 했던 용기에게 몰렸어요. 유찬이와 강단이는 빨리 말하라는 뜻으로 용기를 빤히 쳐다봤어요. 용기도 뭔가 말해야겠다고 생각했지만 말은 입 안에서만 뱅뱅 돌았어요.
　"놀이도…… 체육……이야."
　겨우 뱉은 말인데, "줄넘기는 우리 몸을 건강하게 만드는 것이

니까 체육 시간에는 줄넘기를 해야 해!"라고 지나가 끼어드는 바람에 용기의 말은 애들 귀에 전혀 들리지 않았어요.

"조용, 조용! 이제 손을 들어서 결정을 하자."

결과는 줄넘기 12명, 부메랑 11명, 기권 1명으로 줄넘기의 승리였어요. 여자아이들은 기뻐 날뛰었고 남자아이들은 분하다는 얼굴로 운동장에 나갔어요.

체육 시간이 끝났다고 모든 것이 다 끝난 게 아니었어요. 대놓고 용기에게 뭐라고 하는 친구들은 없었지만 용기는 자꾸만 자기 때문에 부메랑을 못 하게 되었다는 생각이 들었어요. 친구들의 표정을 보면 '용기 없는 용기'라고 놀리는 것만 같았어요. 용기도 자기 자신이 미웠어요. 또 지나가 사사건건 딴지를 거는 것도 짜증 났어요.

집에 가서 아빠한테 또 말해야겠어요. 이번에는 강력하게 말해야겠어요. 다시 옛날 집으로 가자고요.

"전 용 기!"

엄마가 이름에 성까지 다 붙여서 부른다는 것은 안 좋은 일이 있다는 뜻이에요.

"이름이 아깝다, 아까워! 쯧쯧."

엄마가 뭔가를 눈치채고 있는 것 같아 불안해요.

"말하면 좀 들어. 용기야, 하고 싶은 말은 해야지. 아니, 해야 할 말이면 용기 있게 해야 해. 에고…… 말해도 소용없는데 내 입만 아프지!"

토론 시간 이후 시무룩한 용기의 모습을 본 선생님이 수업이 끝난 뒤 엄마에게 전화를 했었나 봐요. 이제 막 전학 온 용기가 시무룩해하니 선생님도 걱정이 되었을 거예요. 그 전화는 큰 잔소리

폭탄을 만들었어요.

　엄마가 모르는 것이 있어요. 잔소리는 잘되라고 하는 말이지만 기분이 나빠져서 잘하고 싶은 마음을 싹 사라지게 하는 마법의 말이에요.

　'용기 있게 말하라고?'

　엄마의 폭풍 잔소리를 들으니 용기도 화가 났어요. 용기는 이름 때문에 용기가 더 안 나는 게 문제라는 생각까지 들게 되었어요.

　'대체 우리 엄마 아빠는 무슨 생각으로 나랑 어울리지도 않는 이름을 지었을까?'

　용기가 용기를 내서 엄마에게 말을 했어요.

　"평범한 이름 놔두고 왜 하필 용기라고 이름 지었어?"

　"아니 좋은 이름 지어 줬는데 뭐가 문제니? 그럼 비겁으로 해 줄 걸 그랬나?"

　엄마도 절대 지지 않았어요.

　용기도 따박따박 말했어요.

　"엄마가 좋다고 지은 이름 때문에 내가 놀림 받는단 말이야."

　"좋은 이름을 놀리는 애가 문제지, 좋은 이름을 가진 사람이 문제야?"

'끙…….'

오늘도 엄마의 한판승이에요.

"좋은 이름이니까 이름값을 잘하면 되지, 뭐가 문제인데?"

용기도 심통이 나서 대꾸를 했어요.

"엄마가 마음대로 내 이름을 지어 놓고 이름값을 하라면 되는 거야? 그럼 이보람이는 맨날 보람 있어야 하고 최고다는 맨날 최고여야 하는 거야?"

순간, 엄마가 빵 터졌어요.

"뭐? 와, 대박! 이름이 최고다야?"

엄마는 '최고다'라는 이름에 푹 빠져서 용기가 말하려고 했던 진짜 뜻을 알아듣지 못했어요.

용기는 힘이 쪽 빠졌어요. 엄마는 용기 마음을 잘 모르는 것 같아요. 어떻게 하면 엄마가 용기를 이해할 수 있을까요?

아빠는 밥도 안 먹고 이사 가자고 조르는 용기가 마음에 걸렸어요. 그래서 용기의 기분을 풀어 주려고 짜장 라면을 또 끓여 주었어요. 그리고 이번에는 산책도 했어요.

놀이터 그네에 앉자 아빠가 용기에게 먼저 말을 걸었어요.

"용기야, 이사 와서 재미없지? 친구도 없고."

"엉……."

아빠는 용기가 자기를 닮아서 더 힘든 거라고 말했어요. 아빠는 하고 싶은 말이 있어도 그 말을 누구에게, 어떻게 해야 하는지를 잘 모르겠대요. 오랫동안 생각한 후에 말하기 때문에 사람들이 답답해한다고도 말했어요.

아빠는 용기가 엄마를 닮기를 바랐대요. 그건 용기도 마찬가지예요. 친구랑 잘 지내는 게 너무 힘들어서 내일 학교 가는 일도 용기는 걱정되었어요.

시무룩한 용기를 보면서 아빠는 대화하는 법을 같이 배우자고 했어요.

"누구랑 말을 하고 있으면 그게 대화하는 거 아니에요?"

아빠는 그게 아니래요. 대부분의 사람들이 대화하는 법을 배우지 않아도 된다고 생각한대요. 말은 누구나 할 수 있으니까요. 마치 당연하게 숨을 쉬며 살기 때문에 숨 쉬는 법을 배우지 않는 것처럼요. 아빠는 숨도 잘 쉬어야 된다고 말했어요. 명상인가 뭔가에서는 숨 쉬는 방법을 오래 훈련한대요. 말도 그렇대요. 대화법을 잘 배우면 친구 관계가 좋아진다고 해요. 아빠는 용기가 아직

어리니까 대화하는 방법을 배우면 나중까지 도움이 될 것이라고 했어요.

학교에서 있었던 일을 떠올리니 용기도 대화 학원에 다니고 싶어졌어요. 그런데 정말 그런 학원이 있어요? 말 학원?

지나는 체육 시간에 자기 주장대로 된 게 이긴 것 같아서 처음에는 기뻤어요. 하지만 자기를 자꾸 핀잔주는 친구들 때문에 점점 기분이 나빠졌어요. 이기고도 기분 나쁠 수 있다는 것을 처음 알게 되었지요. 선생님이 먼저 서로 설득하는 시간을 주었던 이유를 알 것 같았어요. 이기고 지는 것이 아니라 친구를 이해시키는 것이 더 중요하다고 한 선생님 말씀이 머릿속을 떠나지 않았어요.

침대에 누워서 눈을 감고 있자니 노려보는 용기 눈이 더 선명하게 떠올라 슬퍼졌어요. 왜 용기가 자기만 미워하는지 계속 생각하다 보니 몽글몽글 맺힌 눈물이 주루룩 흘러내렸어요.

평소와 다른 지나의 행동에 엄마가 지나 방으로 들어왔어요. 침대에 걸터앉은 엄마가 손으로 지나의 눈물을 닦아 주었어요. 그러자 지나는 엄마 품에 안겨 한참을 소리 내어 울었어요.

"지나야, 엄마도 어릴 때 친구들과 자주 싸웠어."

"에엥? 엄마는 목소리도 안 크잖아?"

엄마는 지나 걱정을 짐작할 수 있었어요.

"애들이 너 목소리 크다고 놀리니?"

"애들이 나랑 안 놀아 줘. 같이 놀자고 말해도 못 들은 척해."

지나는 다시 슬퍼졌어요. 눈 옆으로 흘러내린 눈물이 귓속으로 들어갔어요.

엄마는 눈물이 담긴 지나의 귀를 닦아 주었어요. 부드러운 엄마의 손이 귀를 살살 만져 주니까 지나의 기분도 살살 누그러지는 것 같았어요.

엄마가 어릴 때 얘기를 해 주셨어요.

인문철학 왕 되기 ① **②** ③ ④

서로의 생각이 다를 땐 어떻게 해야 하지?

생각이 다를 때는 어떻게 해야 하죠?
내가 말하는 게 우선인지, 친구의
이야기를 듣는 게 우선인지,
잘 모르겠어요.

 뭉치야, 어제 왜 학원에 안 왔어?

 난 이제 학원 안 다닐 거야.

학원을 다니면 친구도 만나고 공부도 하고 좋잖아. 당연히 다녀야지.

쳇! 꼭 학원을 다녀야만 공부를 잘하는 거야? 그리고 친구들은 학원이 아니어도 다른 곳에서 만날 수 있거든.

 할아버지, 이렇게 생각이 다를 땐 어떻게 해야 해요?

 이 주장과 저 주장 중 무엇이 더 나은지 살펴보고 잘 설득해야지.

 설득이요? 그냥 말로 싸워서 이기면 되는 거 아닌가요?

이기려고만 하면 대화가 되지 않아. 학원이 필요한 이유, 학원이 필요 없는 이유를 바탕으로 친구를 설득하면 결론이 나겠지? 내 주장을 친구에게 설득하여 결론을 내는 것이 바로 토론이란다.

토론은 어떻게 하는 거지?

토론의 필수 요소에는 무엇이 있을까?

토론은 크게 다섯 가지 요소로 구성되어 있어. 논제, 쟁점, 두 명 이상의 개인이나 집단, 논거, 토론 규칙이지. 각 요소의 의미를 알아보자.

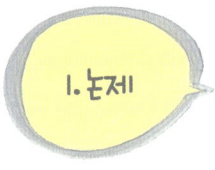

토론을 하기 위해서는 먼저 논제가 필요해. 논제는 논설이나 논문, 토론 따위의 주제나 제목을 말해. 토론 주제는 사실이 아니어야 하지. 예를 들어 '지구는 둥글다.'와 같은 절대적 사실은 토론 주제가 될 수 없어. '체육 시간에 줄넘기를 해야 하는가, 부메랑을 해야 하는가?'같이 양쪽의 근거와 이유가 명확한 논제여야 해.

2. 쟁점

쟁점은 토론에서 찬성 측과 반대 측이 서로 다투는 중심이 되는 부분이야. 모든 토론 주제는 각각의 쟁점을 가지고 있으며 찬성 측과 반대 측은 주요 쟁점에 대해 주장과 반론을 들어 청중을 설득해야 하지.

3. 두 명 이상의 개인이나 집단

토론은 서로를 설득시키는 일이기 때문에 두 명 이상의 개인이나 집단이 있어야 하는 건 당연하겠지?

4. 논거

논거는 자신의 입장을 지지하는 어떤 이론이나 논리를 말해. 토론에 참여하는 사람들은 합당한 논거를 잘 설명해야 청중들을 설득시킬 수 있어.

5. 토론 규칙

마지막으로 위의 모든 요소들이 잘 작동할 수 있도록 토론 규칙이 필요해. 정해진 시간 내에 찬성 측과 반대 측이 효율적으로 토론을 진행하려면 규칙은 꼭 필요하지.

나도 친구들을 잘 설득하고 싶어!

지니의 말하기 과외

체육 시간에 무엇을 할지 정하는 일은 남자아이들 자존심을 완전히 건드린 사건이었어요. 그런데 또 다른 사건이 터졌어요.

종례 시간에 선생님께서 말씀하셨어요.

"내일은 전체 학년이 우리 학교 주변을 청소할 거예요. 학교 안과 밖을 깨끗하게 청소해서 학생들과 주민들이 화목하게 지내면 어떨까 싶어서요."

강단이가 손 들고 말을 했어요.

"화목이요? 화요일, 목요일에 만나는 거예요?"

아이들이 박수를 치며 웃었어요.

왕목청 지나가 그냥 지나칠 리 없지요.

"야, 그것도 모르냐? 선생님, 그런데 왜 동네 주민들과 화목해야 돼요? 학생끼리 잘 지내면 되는 거 아니에요?"

"우리끼리 잘 지내는 것이 물론 제일 중요하지요. 하지만 동네 주민들은 우리가 운동회를 할 때나 체육을 할 때 즐겁게 뛰어놀 수 있도록 배려해 주시는 분들이에요. 주민들과 잘 지내는 일도 무척 중요하답니다. 그리고 화목하다는 뜻은 '서로 잘 지내다.'라는 뜻이에요."

강단이 귀는 또 빨개졌어요.

'쳇, 다른 애들도 모르는데……'

아이들은 그제서야 이해가 된다는 듯이 고개를 끄덕끄덕했어요.

"우리 반은 학교 담을 따라서 쓰레기를 주울 거예요. 정문을 중심으로 오른쪽은 남자, 왼쪽은 여자가 줄지어 가면서 봉투에 쓰레기를 넣으면 돼요."

선생님의 말이 끝나지도 않았는데 어디서 큰 목소리가 울렸어요.

"앗! 더러워!"

왕목청 지나 말이 신호가 되어 여기저기서 더럽다는 소리가 터져 나왔어요.

종례가 끝나고 오늘도 아이들은 운동장 쪽으로 마구 달려갔어요. 지나도 뒤따라 뛰어갔지만 아무도 지나를 기다리지 않았어요.

다음 날 학교 정문 앞에서 선생님은 남자와 여자로 나눠 줄을 세웠어요. 남자 팀은 키가 제일 큰 용기에게, 여자 팀은 지나에게 책임을 맡겼어요. 아이들은 쓰레기봉투와 큰 집게를 들었어요.
　지나를 따라 12명의 여자아이들이 쓰레기를 주우면서 걸어갔어요. 반대쪽으로는 용기를 따라 12명의 남자아이들이 걸어갔고요. 두 팀이 반대 방향으로 걸어가다 보니 후문에서 딱 마주치게 되었어요. 원수는 외나무 다리에서 만난다더니! 가뜩이나 용기를 좋게 보지 않는 지나가 먼저 소리쳤어요.
　"야! 비켜."
　"내가 먼저 왔어."
　이번엔 용기도 지지 않고 말했어요.
　"먼저 왔든 아니든 여기서 딱 마주쳤잖아. 너희들이 비켜!"
　뒤쪽에 서 있던 규리도 단호히 말했어요.
　이에 질 강단이가 절대 아니지요. 강단이는 지나한테 당한 것도 있어서 더 흥분해서 말했어요.
　"뭐? 왜 우리가 비켜? 너희가 비켜."
　뒷줄에 서 있던 남자아이들도 흥분했어요. 체육 시간 생각이 났었나 봐요. 용기는 이번에도 지나한테 밀리면 끝이라는 생각에 마음이 오그라들었어요.

지나는 용기가 머뭇거리자 때를 놓치지 않고 119 구급대가 출동하듯 요란하게 쏘아붙였어요.

"우리 빨리 청소해야 해. 비켜."

지나 소리에 귀를 감싸고 있던 남자아이들이 모두 한편이 되어서 소리 질렀어요.

"야, 너희들이 비켜."

싸움은 또 그칠 줄을 몰랐어요. 이번에는 자존심까지 걸려 있어서 아무도 양보하지 않았어요. 아이들은 두 편으로 나뉘어 끝까지 싸울 태세로 후문 옆 담벼락에 서 있었어요.

지나가 먼저 말했어요.

"코딱지만 한 배려심도 없는 너희들 때문에 협상까지 하다니!"

"코딱지? 너희들은? 너희들은 파리똥만 한 배려심이다. 쳇!"

강단이가 가슴을 퍽퍽 치며 말을 했어요. 유찬이도 발을 구르며 억울해 했어요.

말이 협상이지 또 서로 비난만 해 댔어요.

"뭘로 결정할까?"

용기가 차분히 말했어요. 의견은 여러 개 나왔지만 딱 이거다

하는 것이 없어서 시간만 흘러갔어요.

아무리 기다려도 아이들이 정문으로 오지 않자 선생님이 아이들을 찾아왔어요.

"왜 아직도 여기에 있니? 빨리 청소하고 집에 가자."

그런데 아이들은 모두 씩씩거리기만 하고 움직이지 않았어요. 하는 수 없이 선생님이 나섰어요.

"무슨 문제가 있나요?"

지나가 쩌렁쩌렁한 소리로 남자애들이 문제라고 하면서 설명을 했어요. 하지만 지나가 너무 흥분한 나머지 선생님은 지나의 말을 도무지 알아들을 수가 없었어요. 선생님은 고개를 갸우뚱하면서 남자 쪽을 쳐다봤어요. 이때 강단이가 나섰어요.

"지나야, 목소리만 크면 다냐? 무슨 말인지 하나도 못 알아듣겠어! 그러니까요, 선생님……."

지나는 열심히 말을 했는데 무슨 말인지 못 알아듣겠다며 자기 대신 설명하는 강단이 때문에 기분이 확 나빠졌어요. 강단이가 자기 말을 무시한 것 같아서요. 순간 또 큰 목소리가 나오고 말았어요.

"야, 땅꼬마! 네가 뭘 안다고 그래!"

갑자기 지나가 큰 소리를 지르는 바람에 강단이가 깜짝 놀라 뒤로 넘어지고 말았어요. 일은 점점 커졌어요. 분위기가 험악해졌거든요.

선생님이 싸우지 않고 청소를 마무리 지으려면 어떻게 해야 할지 용기에게 질문했어요. 용기는 작은 목소리로 말했어요.

"가위바위보로 정해요."

선생님은 용기의 의견을 받아들였고 용기와 지나가 가위바위보를 했어요.

"가위바위보!"

결과는 지나의 승이었어요.

여자애들이 환호성을 질렀어요. 지나 역시 목이 터지도록 웃었어요. 남자애들은 실

망한 눈으로 용기를 쳐다봤어요.

소란스러웠던 청소 시간 내내 용기는 청소를 하는 둥 마는 둥 하고서 서둘러 집으로 갔어요.

그런데 집으로 가는 길에 하필 지나와 딱 마주쳤어요. 지나가 어찌나 의기양양하던지 너무 얄미웠어요.

"야, 너희 집 어디야?"

용기는 대꾸도 하기 싫었어요. 강단이가 지나를 깡패라고 했는데 정말 그 말이 딱 맞아요.

지나는 더 큰 소리로 말했어요.

"야, 너희 집 어디니? 이쪽?"

용기는 발걸음을 더 빠르게 옮기면서 앞만 보고 걸어갔어요.

지나도 용기를 빠르게 쫓아가며 소리쳤어요.

"전용기! 너 왜 대답을 안 해?!"

이러다가 집까지 쫓아올까 봐 용기는 휙 뒤돌아서 단호히 말했어요.

"무슨 상관이야? 난 너 싫어. 말도 하기 싫어!"

"……."

'갑자기? 내가 싫다고? 말도 하기 싫다고?'

왕목청 지나도 엄청 충격을 받았어요. 사람 앞에다 두고 그렇게 예의 없게 말을 하는 사람을 처음 봤거든요. 말 많은 지나였지만 순간 아무 말도 못 하고 그냥 뒤를 돌아 집으로 향했어요.

돌아오는 길 내내 지나는 왜 친구들이 자기랑 놀지 않는지 생각해 봤어요. 지나는 아무리 생각을 해 봐도 왜 그런지 모르겠어요. 목소리가 큰 거? 그건 지나 잘못이 아니잖아요. 키 큰 거? 그것도 지나 잘못이 아니잖아요. '원래 그렇게 생긴 건데 어쩌라는 거지?'라는 생각을 하다 보니 여자아이들도 얄미웠어요.

지나는 기운 없이 집으로 터덜터덜 걸어갔어요. 할머니 집에 가신 엄마는 아직 집에 돌아오지 않았어요. 지나는 자기 방으로 들어가 침대에 누웠어요. 눈물이 어린 뿌연 눈으로 벽을 보는데 책상 위 아무렇게 두었던 낡고 오래된 갈색 호리병이 눈에 들어왔어요. 엄마가 한 이야기를 다 믿을 순 없지만 갑자기 확인을 하고 싶어졌어요. 지나는 침대에서 벌떡 일어나 호리병을 방바닥에 내려놓았어요. 그리고 큰 소리로 지니를 세 번 불렀어요.

"지~니~ 지이니~ 지이이니이~"

목에 핏대를 세우며 불렀는데 아무 일도 일어나지 않았어요.

지나는 '그럼 그렇지.' 하며 '엄마가 거짓말을 했구나.'라고 생각했어요. 괜히 목만 아프게 소리쳤다고 짜증을 내면서 침대에 벌렁 누워 버렸어요.

그런데 그때였어요. 호리병이 혼자서 움찔움찔하더니 입구에서 웬 아저씨가 귀를 막고 나타났어요.

"글로벌 요정 귀청 떨어지겠다! 아이고."

꼬부라진 한국말 발음으로 말하는 이 아저씨가 너무 웃겨서 지나는 크게 웃었어요.

"왜 불렀어? 너 이름이 뭐니?"

"지나요."

"와우? 나랑 같네?"

"아저씨는 지니고요. 전 지나예요."

"아차차! 그래. 소원이 뭔데? 빨리 세 가지만 말해."

"첫째는요, 친구들이 저를 좋아했으면 좋겠어요. 둘째는 목청이 좀 작아지면 좋겠어요. 셋째는 친구들이 잘 알아듣도록 말을 잘하면 좋겠어요."

"간단하네. 말을 잘하면 아이들이 너를 좋아할거고. 그럼 목청을 크게 해서 말하지 않아도 되겠는걸?"

지나는 깜짝 놀랐어요. 생각해 보니 그렇네요. 이게 다 연결이 되는 문제였던 거예요.

"아하. 그럼 말 잘하는 연습을 해야 하겠네요? 히히, 알았어요!"

"아주 똑똑하구나. 그래도 소원은 세 개 말한 거다."

지나는 그제야 아차 했어요. 결국 1개였는데 3개로 늘려 말하다니. 아까웠지만 어쩔 수 없는 일이었어요.

진단은 빠르게 내렸지만 요정 지니는 고민에 빠졌어요. 말을 잘하게 하는 일이 어디 쉽나요? '말만 잘하게' 하는 것은 쉬워요. 그런데 말을 잘해서 친구들과 잘 지내려면 좀 여러 가지 능력이 필요하거든요.

지니는 곰곰이 생각하다가 주문을 외웠어요.
히깔라이 까깔라이 요깔라이 카펫~
치브라이 초브라이 추브라이 칠판~
미끄라이 마끄라이 매끄라이 매직펜~

지니가 요상한 주문을 외우자 공중에 마법 융단이 펼쳐지고 그 위에 칠판이 생겼어요. 지니의 오른손에는 매직펜이 들려 있었어요. 지니는 지나를 융단 위에 앉히고 매직펜으로 칠판에 글을 써 가며 설명을 하기 시작했어요.

"말을 막힘없이 줄줄줄 한다고 해서 말을 잘한다고 할 수는 없지. 앵무새가 말을 쫠쫠쫠 한다고 그 말에 설득되지는 않잖아. 흉내를 잘 낸 거지. 말을 잘한다는 것은 다른 사람이 알아먹게, 다른 사람이 잘 이해할 수 있게 하는 거 아니겠어?"

지나는 고개를 끄덕끄덕했어요. 지니가 말을 잘한다고 생각하면서요.

"**내 말을 친구가 듣고 '그래'라고 할 수 있으려면 우선 맞는 말이어야 해.** 친구가 맞지도 않는 말을 '그래'라고 할 리 없잖아. 맞는 말, 옳은 말, 타당한 말을 해야 하는 거지."

지나는 또 고개를 끄덕끄덕했어요. 지니 말이 다 맞았거든요.

"또 '그래'라는 말을 들으려면 **친구들이 나를 거짓말쟁이나 나쁜 애라고 생각해서는 안 돼.** 거짓말쟁이가 어느 날 진짜를 말한다고 해도 사람들은 믿지 않아. 거짓말쟁이 양치기 소년처럼 말이야."

"맞아요. 우리 반에 거짓말쟁이 용기가 있는데 나는 걔 말을 안 믿어요. 듣지도 않을 거고요!"

"용기?"

"네. 걔가 강단이더러 키가 안 작다고 했어요. 그건 거짓말이에요. 강단이는 우리 반에서 가장 작은 애예요."

지나는 아직도 분하다는 듯이 몸을 부르르 떨면서 말해요.

지니는 빙그레 웃었어요.

"지나야, 지나는 나보다 작지?"

"네."

"그럼 지나는 작은 사람이네?"

"네. 전 외국 귀신 아저씨보다는 작아요."

"그럼 강단이는? 강단이는 작은 애니?"

"아휴, 답답해. 왜 못 알아들어요? 강단이는 나보다 작아요."

"그렇지! 강단이가 너보다 작은 거지?"

"네."

지나는 요정이 당연한 말을 자꾸 물어보는 게 짜증 났어요.

"혹시 강단이에게 동생이 있니?"

"네, 있어요. 강국이는 다섯 살이에요."

"강단이가 동생보다 크니?"

"강단이가 더 커요."

엇? 강단이가 크다고 방금 지나가 말을 했네요. 그러니까 키는 상대방보다 작다, 크다라고 하는 거지 '강단이가 작다.', '지나가 크다.'라고 할 수 없는 거였네요!

지나는 용기를 거짓말쟁이로 욕한 게 미안했어요.

다시 지니의 '말 잘하기' 수업은 계속됐어요.

"까먹었을지 모르니 정리하자. 자! 말을 잘하려면? 우선 내가 하려는 말이 맞는 말, 옳은 말이어야 하고 또 내가 믿을 만한 사람이어야 되는 거야. 이제 마지막이야. 잘 들어 봐."

지나는 마지막이라는 말에 침을 꼴깍 삼켰어요.

"내가 너에게 막 짜증을 부리면서 말을 하면 넌 어떨 것 같아?"

"전요, 아예 귀 막고 있을 거예요. 듣고 싶지도 않아요."

"그래. 아무리 옳은 말, 맞는 말을 해도 짜증 내고 기분 나쁘게 말하면 친구들은 아예 들을 생각도 안 해."

"그런데 전 친구들한테 짜증 내지 않았어요!"

지나는 체육 시간을 떠올리며 말했어요.

"그렇구나. 그런데 친구들도 그렇게 느낄까?"

지니는 지나가 다른 사람 편에서 생각해 보길 바라는가 봐요.

"모두 저더러 큰 소리로 화낸다고 해요. 난 화낸 게 아닌데!"

"그래. 넌 화난 게 아닌데 아이들이 그렇게 느끼고 있구나. 그러면 넌 누구한테 말하는 거야?"

"그야 당연히 내 친구들이죠!"

지나가 답답하다는 듯이 말했어요.

"그거야! 너는 친구들에게 말했어. 그런데 친구들은 네가 짜증 낸다고 생각하고 있어. 그래서 너랑 말하기 싫어하는 거 아닐까? 친구들을 짜증 나지 않게 만들어야 네 말이 먹히지 않겠니?"

"……."

"친구들 기분까지 생각하고 말해야 진짜 대화야."

지나는 갑자기 멍해졌어요. 체육 시간에 있었던 일, 청소 시간에 있었던 일 모두 지나가 이긴 게 아니었어요. 그 일로 친구들과 사이가 점점 더 멀어졌으니까요.

지니가 빙그레 웃으며 한마디 덧붙였어요.

"지나야, 친구가 없는데 혼자 말하지 않잖아. 말은 상대와 주고받는 대화야. 대화는 이기고 지는 것이 중요한 게 아니야. 바르고 좋은 결론을 내기 위해서 평등하게 말할 기회를 가지는 게 중요한 거야. 힘이 세다고, 목소리가 크다고, 공부를 잘한다고 말을 잘하는 게 아니야."

지니 말을 듣다 보니 뭔가 뾰족한 것이 지나 마음을 찔렀어요. '조그만 게', '코딱지만 한 배려', '거짓말쟁이' 등 여태껏 지나가 했던 말들이 다 마음에 걸렸어요.

목청을 높이고 답답하다는 듯 발을 마구 구른 일도 생각이 났어요. 지나는 친구들에게 미안했어요.

 친구들과 있었던 일을 생각하느라 지니를 까먹고 있었는데 지나가 타고 있던 카펫이랑 칠판이 사라졌어요.

 어리둥절해서 거실로 나가니 엄마가 계셨어요.

 지나는 엄마에게 지니를 못 봤냐고 물었어요. 엄마는 대답 대신 빙그레 웃으며 "너도 만났구나."라고 혼잣말처럼 말하셨어요.

 지나는 엄마와 단 둘만의 비밀이 생긴 것 같아서 기분이 좋았어요. 마치 어른이 된 느낌이었어요.

인문철학 왕 되기

상대방을 내 편으로 끌어들이는 방법!

어떻게 하면 사람들을 내 편으로 만들 수 있을까요?

엄마에게 또 잔소리를 들었어. 엄마는 맞는 말을 하는 건데 왜 이렇게 듣기가 싫을까.

맞아. 내가 숙제를 막 하려고 하는데 엄마는 꼭 숙제했냐고 재촉해. 그러면 숙제하려는 마음이 사라져.

숙제하라는 잔소리는 아무리 옳은 말이라도 왠지 기분이 상해.

'좋은 말이지만 하기 싫게 만드는 기적의 말'이 잔소리 같아.

재미있는 말이구나. 그러니까 우리가 친구들과 대화를 할 때도 '옳은 말이니까 친구가 잘 알아 듣겠지.' 하고 넘기기보다 친구의 입장에서 다시 한 번 생각해 보는 일이 중요해.

소쌤의 철학특강

설득을 잘하기 위한 조건

상대의 말을 잘 듣지 않으면 대화가 끊기거나 동문서답을 하게 된다는 걸 너희도 알지? 경청하기 외에도 설득을 잘하려면 어떻게 해야 하는지 알아보자.

▷ 그리스의 철학자 아리스토텔레스

그리스의 철학자 아리스토텔레스는 설득의 힘에 대해 아주 오래전부터 주목했어. 어떤 사람은 말을 그럴듯하게 잘하는데 알고 보면 거짓말이거나 쓸데없는 말을 하지. 또 어떤 사람의 말은 누가 들어도 옳고 맞는 말인데 '그래, 네 말이 맞다!'고 반응하기가 싫기도 해. 왜 그럴까? 아리스토텔레스는 '누가 말하는가?', '무엇을 말하는가?', '어떤 태도로 말하는가?'에 따라 설득하는 힘이 달라진다고 생각했어.

옳은 말, 호소력 있는 말, 신뢰감, 이렇게 세 가지면 된다는 거지? 메모 메모!

설득을 잘하기 위해 갖추어야 할 세 가지 요소

① 옳은 말 / 논리적인 말 : 그리스 말로 로고스(logos)라고 하는데 이성에 호소하는 논리적인 말이야. 누가 봐도 옳은 말은 옳다고 말할 수밖에 없겠지?

② 감성적 / 호소력 있는 말 : 파토스(Pathos)는 상대방의 감성에 맞게 호소할 줄 알아야 설득이 잘 된다는 뜻이야. 아무리 논리가 완벽해도 상대방의 감성을 움직이지 못하면 설득하기가 어려워. 친구가 기분이 좋은 상태인지, 짜증이 나 있는지를 알고 그에 맞게 말을 하는 것이 좋아.

③ 신뢰감 / 인상 : 에토스(ethos)는 말하는 사람의 인격에서 우러나오는 인간적인 신뢰감을 말해. 아무리 논리적으로 완벽한 말을 해도 말하는 사람에 대한 신뢰가 없다면 누가 믿으려 하겠어?

아리스토텔레스의 말을 떠올리며 너희들도 어떻게 하면 대화를 잘할 수 있을지, 어떻게 말하는 것이 좋을지 고민해 보자.

화해하는 아이들

다음 날 용기는 학교 가는 길에 지나와 마주쳤어요.

"용기야, 전용기!"

용기는 아침부터 기분 나쁘다는 듯이 앞만 보고 걸었어요.

그런데 지나가 웬일인지 큰 목소리를 내지 않고 용기 뒤에 바싹 붙어서 "내가 거짓말쟁이라고 말한 거 미안해."라고 말하지 않겠어요?

용기는 뭔 개가 풀 뜯어먹는 소리냐는 듯 빠르게만 걸었어요.

그러자 지나도 빠르게 걸으면서 "용기야, 내가 기분 나쁘게 말을 해서 속상했지?"라고 또 사과를 했어요.

어찌 된 일일까요? 사과는 먹는 거로만 아는 지나가 말이에요. 지나가 아픈 것이 틀림없어요.

"왕목…… 아니, 지나야. 너 어디 아파?"

지나가 조용하게 말하니까 왕목청이라는 별명이 어울리지 않았어요. 용기가 얼른 말을 바꿔 물었어요.

"나 안 아파. 내가 큰 목소리로 말해서 미안해."

용기는 '뭐라는 거지? 왜 그러는 거지?'라고 생각했지만 지나에게 무슨 말을 해야 할지 몰라 잠시 뜸을 들이고 있었어요.

지나는 용기 앞으로 가면서 "나 먼저 간다." 하고 사라졌어요. 뒤에 남겨진 용기는 귀신을 만난 건가 헷갈렸어요.

"야, 전용기!"

누가 부르는 소리에 용기는 퍼뜩 정신을 차렸어요. 귀신을 만난 건 아니었네요.

용기를 부른 사람은 강단이었어요. 청소 사건 때문에 강단이랑 사이가 멀어졌었는데 강단이가 먼저 말을 걸어왔어요.

"이따 학교 끝나면 놀이터에서 땅따먹기 하자!"

강단이는 학교에 늦을까 봐 쌩 가면서 이 말을 남겼어요.

"엉? 어, 그래."

쑥스러운 듯 말해서 강단이가 제대로 들었을까 싶었어요.

오늘은 정말 이상한 날이에요. 그동안 아빠 엄마한테 학교 가기 싫다고 징징거렸었는데 친구들이 용기에게 먼저 다가와 인사를 하다니요!

교실에 들어오니 아이들은 재잘재잘 쉼 없이 떠들었어요. 용기는 조용히 자기 자리에 앉았어요.

'도르르륵'

선생님이 교실 문을 열자 아이들은 제자리에 앉아 선생님 얼굴을 쳐다보고 있어요.

"2학기가 되고 일주일이 지났으니 오늘은 자리를 바꾸겠어요. 모두 복도로 나와서 여자 줄, 남자 줄 이렇게 두 줄로 서 보세요."

아이들은 신나서 복도로 가서 줄을 섰어요.

"야, 키 순서로 서!"

호리호리하고 키가 큰 편인 강건이가 소리쳤어요.

"눈 나쁜 사람이 앞으로 와야 하는 거 아니야?"

두꺼운 안경을 쓴 제영이가 말했어요.

그러자 강단이가 말했어요.

"난 키가 작지만 눈이 나쁜 제영이가 앞자리에 와야 한다고 생각해."

민감한 문제인데도 당당하게 자신의 의견을 전하는 강단이의 말

에 다들 조용해졌어요.

그 틈에 지나가 말했어요.

"강단아, 너는 작지 않아. 내가 너보다 크다고 해서 네가 작은 건 아니니까."

지나의 말에 반 친구들 모두 놀라서 입을 다물지 못했어요.

항상 강단이를 땅꼬마라고 놀렸던 지나가 오늘은 왜 그러는 걸까요?

지나는 계속해서 말을 이어갔어요.

"그리고 내가 항상 큰 소리로 말해서 미안했어."

규리는 믿을 수 없는 일이 벌어졌다는 듯 지나 이마를 손으로 짚으면서 말했어요.

"열은 없어."

민솔이도 지나의 눈동자를 빤히 쳐다보며 말했어요.

"정신이 나간 것도 아니야."

강단이가 지나 앞으로 가서 물었어요.

"선생님한테 혼났어?"

지나는 고개를 흔들며 울먹이듯 말했어요.

"그런 거 아니야. 그냥…… 여태까지 내가 너무 듣는 사람의 기분을 생각 안 한 것 같아. 미안해."

아이들은 평소와 너무 다른 지나를 보면서 좋기도 하고 미안하기도 했어요. 그동안 지나가 싫어서 슬슬 피했었기 때문이에요.

지나의 사과를 듣고 규리가 "지나야, 나도 미안해. 이젠 네가 부르면 대답할게."라

고 말했어요.

강건이도 "나도 미안. 이따가 운동장에서 같이 놀자."라며 사과했어요. 다들 한마디씩 사과하는 훈훈한 분위기였어요.

반 아이들 눈이 또 용기에게 몰렸어요. 지나와 용기가 으르렁거리는 사이라는 것을 모두가 알기 때문이에요.

용기는 아이들에게 떠밀려 사과하는 꼴이 되어 버렸어요. 용기 마음은 그런 게 아니었는데, 용기도 그런 자기가 미웠어요.

용기를 쳐다보던 유찬이가 "용기야, 너도 지나에게 말해. 우리 모두 지나한테 뭐라 했잖아." 하면서 용기를 지나 앞으로 밀었어요.

지나의 바뀐 모습을 보고 용기도 용기를 얻어 말을 꺼냈어요.

"엉…… 지나야, 미안해. 내가 널 무시한 것은 아니야."

용기는 다른 아이들을 보며 말했어요.

"얘들아, 내가 말을 안 해서 답답했지? 그거 미안해."

용기의 이 말은 반 친구들의 마음을 일렁이게 했어요. 남자 편, 여자 편으로 나뉘어서 싸울 때 아이들은 용기에게 답답하다고 화를 냈었잖아요.

정말로 이상한 날인가 봐요. 용기가 입이 터졌는지 계속해서 말

을 했어요.

"나는 생각이 많아서 정확하게 내 마음이 어떤지 말을 잘 못 하겠어. 우리 아빠도 그랬대. 아빠를 닮아서 그런지 나도 결정을 할 때는 시간이 좀 걸려."

이 말을 듣고 강단이가 말했어요.

"난 성격이 급해서 문제인데…… 나랑은 다르네. 나도 미안해."

서로서로 미안하다고 말하는 바람에 자리를 바꾸려고 복도로 나가 선 두 줄이 흐트러져 버렸어요. 규리도 민솔이도 그리고 유찬이와 강단이도 용기에게 미안하다고 말했어요.

복도 한 편에 기대어 있던 선생님은 아이들을 채근하지 않고 그

대로 두었어요.

"아휴, 우리 반 참 멋진 반이에요. 아주 자랑스러워요. 여러분에게 더 큰 자유를 줘도 될 것 같아요. 앞으로는 마음대로 앉으세요. 오는 대로 원하는 자리에 앉으면 되는 거예요."

복도에서는 "와-", "아싸!" 같은 여러 탄성이 쏟아졌어요. 옆 반 선생님들과 아이들이 뭔 일이 생겼나 나와서 구경할 정도였어요.

"자자. 들어가요. 들어가서 원하는 대로 앉으세요."

"우아!"

모두 부둥켜 안고 난리가 났어요.

원하는 대로 앉았는데 서로 배려하다 보니 눈이 나쁜 제영이와 키 작은 강단이, 규리가 앞 모둠 자리에 앉았어요. 지나와 용기는 뒷 모둠에 나란히 앉았고요. 지나는 옆에 짝이 있어 참 좋았어요.

딩동댕동- 수업 끝나는 종이 울리자,

한 무리의 아이들이 운동장 쪽으로 마구 달려가고 있어요.

지나가 재빨리 신발을 갈아 신고 혼자 걸어가는 용기에게 말을

걸었어요.

"용기야, 애들하고 같이 운동장에서 놀자."

지나의 말에 용기가 짧게 말했어요.

"어엉? 어."

지나는 뜨뜻미지근한 용기의 대답이 헷갈렸어요.

"놀자는 거야? 그냥 집에 간다는 거야?"

용기가 천천히 지나에게 말했어요.

"응, 같이 놀자는 거야. 잠시 고민 좀 해 보느라."

용기의 말에 지나는 용기도 말 잘하기 공부를 하면 좋겠다고 생각했어요.

"용기야, 오늘은 운동장에서 놀지 말고 우리 집에 가서 놀자."

지나는 엄마가 간식으로 떡볶이를 해 준다는 말이 기억났어요.

"우리 엄마가 떡볶이 해 주실 거야. 엄마는 떡볶이 장인이야."

둘은 나란히 걸어 지나의 집으로 갔어요. 나란히 걸어가니 기분도 좋았어요. 눈 아프게 노려보지 않아도 되고 입 아프게 쏘아붙이지 않아도 되잖아요.

"안녕하세요?"

용기가 천천히 인사를 하자 엄마가 처음 보는 용기에게 폭풍 질문을 했어요.

"이름은 뭐니? 지나랑 같은 반이니? 언제 이사 왔어?"

지나는 엄마의 입을 손으로 막고서 말했어요.

"엄마, 용기가 천천히 말하게 그냥 둬."

"아차차! 그렇지. 미안하다."

딩동—

벨이 울려 나가보니 강단이가 와 있네요.

"너희 엄마가 떡볶이 해 놨다고 먹으러 오라고 전화하셨어. 용기 와 있다며?"

지나와 용기는 강단이를 반갑게 맞았어요. 집에서 만나니까 더 반가웠어요.

떡볶이를 먹으면서 지나와 강단이는 용기에게 같은 반 친구들의 특징을 이것저것 알려 줬어요. 용기는 지나가 새 학교에 대해 알려 주니까 참 좋았어요. 게다가 지나가 목청을 높이지도, 신경질도 내지 않아서 그런지 설명이 귀에 쏙쏙 잘 들어왔어요. 지나 목소리가 새소리가 아닐까 생각할 정도였다니까요.

지나 엄마가 요구르트를 가져오셨어요. 그러더니 아이들이 싹싹 긁어 먹은 떡볶이 접시를 보고 또 폭풍 질문이 발사되었어요.

"맛있니? 어때? 맛있지? 용기는 떡볶이 좋아하니? 매운 거 못 먹니? 양배추는 싫어해?"

지나는 엄마 팔을 잡아끌며 말했어요.

"엄마! 용기가 천천히 말하게 기다려."

이 말을 들은 엄마는 지나 얼굴을 쳐다보았어요. 지나가 다른 때와 달리 서두르거나 재촉하지 않았거든요.

엄마는 빙그레 웃으면서 말했어요.

"아차차. 용기야, 아줌마가 미안해."

"맛있어요."

용기는 수줍은 듯 조용히 웃었어요.

엄마가 자리를 뜨자 지나가 용기에게 물었어요.

"용기야, 너, 말 잘하고 싶어?"

"응."

"이거 선물이야."

성격 급한 강단이가 "나는?" 하고 물었지만 지나는 눈을 흘기지도 않고 화도 내지 않았어요. 오히려 부드럽게 물었어요.

"너, 알라딘 책 읽어 봤니?"

"응. 영화도 봤어."

"요술 램프에서 지니가 나오지? 소원 들어주는 지니! 지니 만나고 싶지?"

"무슨 말이야?"

지나는 자세하게 설명도 하지 않고 대뜸 웃으면서 용기에게 말했어요.

"이제 이거 네 거야. 난 이제 필요 없어졌어."

용기는 뭔지도 모르는 선물을 받은 게 좀 찜찜했지만 친절하게 구는 지나 기분을 상하게 하기 싫어서 가방에 넣었어요. 강단이는 자기 것은 왜 없냐며 툴툴거렸어요.

용기가 집에 오니 아빠가 일찍 퇴근해서 와 계셨어요.

"우리 용기, 어서 와라. 배고프지?"

"지나 집에서 떡볶이 먹었어."

"지나? 니가 싫어하……."

아빠는 끝까지 말을 하지 못하고 입을 막아 버렸어요.

"어. 지나가 집에 가서 친구들 얘기 해 줬어."

"엥? 친구 욕을 하고 다니면 안 된다."

아빠는 눈을 크게 치켜뜨셨어요.

"욕 안했어. 이제 지나는 말을 잘해. 나쁜 얘기도 안 해. 이건 지나가 준 선물인데 왜 줬는지는 모르겠어."

아빠는 오래된 호리병을 자세히 보며 말했어요.

"지나가 준 선물인데 물병으로 쓰면 어때?"

아빠는 호리병을 깨끗하게 씻었어요. 호리병 물기를 닦으면서 살펴보니 바닥에 이상한 글자가 적혀 있었어요. 그런데 무슨 글자인지 알 수가 없었어요. '이름인가?' 하고 속으로 생각하며 용기에게 물었어요.

"용기야, 아빠는 눈이 나빠서 잘 안 보인다. 네가 읽어 봐. 여기 뭐라고 써 있는 것 같아."

용기는 아빠가 말한 글자를 읽어 보려고 애썼어요.

"음…… 글자가 지……니? 지이니?"

그때 호리병 안에서 소리가 나며 지니가 나왔어요.

"푸우우우웁."

아빠와 용기는 허깨비를 본 듯 소스라치게 놀랐어요. 아빠는 너

무 놀라서 안방으로 도망쳤어요. 그러나 용기는 지나가 호리병을 주면서 한 말을 이제야 이해했어요.

'요술 램프 요정 지니구나.'라고 생각하면서 외국 귀신에게 말했어요.

"지니 요정 아저씨, 안녕하세요?"

"오, 넌 금방 아네?

"네. 지나한테 들었어요. 저 소원이 있어요. 요정 아저씨, 저는 말을 잘하고 싶어요!"

이 말이 떨어지자마자 지니는 또 주문을 외워 강의 준비를 하고 있네요.

히깔라이 까깔라이 요깔라이 카펫~

치브라이 초브라이 추브라이 칠판~

미끄라이 마끄라이 매끄라이 매직펜~

지나가 받았던 그 특별 과외! 말하기 과외 말이에요. 과연 용기는 지니에게 말을 잘하는 법을 배웠을까요?

인문철학 **왕** 되기

만일 나라면?

지나는 강단이와 용기에게 함부로 말했던 걸 인정하고 사과했어.

잘못을 인정하는 일도 어렵지만 사과를 하고 화해의 손길을 내미는 것도 쉽지 않은데 말이야.

여러분이 지나라면 어떻게 할 것 같니?

나라면 지나처럼 먼저 사과하지 못할 것 같아. 내가 지는 것 같아서 말이야.

만약 나라면 지나처럼 먼저 사과한다.

왜냐하면

때문이다.

만약 나라면 지나처럼 먼저 사과하지 않는다.

왜냐하면

때문이다.

대화 연습해 보기

다음은 지나네 반 친구들이 뽑은 '대화하기 싫은 친구' 유형이에요.

정해진 답을 요구하는 유형
A: 나 살찐 것 같지 않아?
B: 난 잘 모르겠는데. 좀 볼이 통통해 보이는 것 같기도 하고.
A: 뭐? 내 볼이 어디가 통통해!

부정적인 유형
A: 저 강아지 좀 봐. 너무 귀엽다.
B: 나 동물 싫어해. 다른 얘기하자.
A: 흠, 그럼 너 좋아하는 색깔이 뭐야?
B: 좋아하는 색깔 이야기는 너무 평범하잖아, 재밌는 얘기 없어?

욕하는 유형
A: 어제 새로 생긴 치킨집에서 치킨 먹었는데 너무 맛있었어.
B: 거기 치킨xxxxxx맛없고 완전xxxx야.

말 끊는 유형
A: 내가 어제 학원에 갔는데…….
B: 어제 학교 앞에 유재석 온 거 봤어? 완전 대박~
A: 응 나도 봤어, 근데…….
B: 아 맞다, 너희 그거 먹어 봤어? 어쩌구저쩌구…….

글쎄 유형
A: 오늘 끝나고 떡볶이 먹으러 갈래?
B: 글쎄, 떡볶이는 좀…….
A: 그럼 토스트?
B: 흠, 그것도 별로…….

무공감 유형
A: 어제 엄마한테 숙제 안 하고 영상만 본다고 혼났어.
B: 그거 가지고 뭘 그래.
A: 영상만 보는 건 아닌데, 나름 숙제도 열심히 한다고. 너무 속상해.
B: 엥? 너 영상 많이 보는 건 맞잖아. 좀 줄여 봐.

그렇다면 계속해서 대화하고 싶은 유형은 어떤 유형일까요?
각 상황에 알맞게 대답해 보아요.

말을 잘하려면?
1. 내가 하려는 말이 맞는 말, 옳은 말이어야 한다.
2. 듣는 사람이 믿을 만해야 한다.
3. 짜증내지 않고 말해야 한다.

A: 나 살찐 것 같지 않아?
B: 난 잘 모르겠는데. 볼이 좀 통통해 보이는 것 같기도 하고.

A:

A: 저 강아지 좀 봐. 너무 귀엽다.
B: 나 동물 싫어해. 다른 얘기하자.
A: 흠, 그럼 너 좋아하는 색깔이 뭐야?

B:

A: 어제 새로 생긴 치킨집에서 치킨 먹었는데 너무 맛있었어.

B:

A: 내가 어제 학원에 갔는데…….
B: 어제 학교 앞에 유재석 온 거 봤어? 완전 대박~
A: 응 나도 봤어, 근데…….

B:

A: 오늘 끝나고 떡볶이 먹으러 갈래?
B: 글쎄, 떡볶이는 좀…….
A: 그럼 토스트?

B:

A: 어제 엄마한테 숙제 안 하고 영상만 본다고 혼났어.

B:

200만 부 판매 돌파!

AI시대 미래 토론

✓ 뭉치북스가 만든 국내 최초 토론책!
✓ 초등 국어
✓ 한국디베이트협회와 교

01 함께 사는 로봇	12 과학 Cook! 문화 Cook! 음식의 세계	23 생태계의 파괴자? 외래 동식물	33 얼마나 작아질까? 어디까지 발달할까? 나노 기술과 첨단 세계
02 원시인도 모르는 공룡	13 과학을 훔친 수상한 영화관	24 괄괄괄~ STOP!!! 우리나라도 위험해요, 소중한 물	34 찾아라! 생명체가 살 수 있는 또 다른 별, 제2의 지구
03 더 멀리 더 높이 더 빨리 스포츠 과학	14 끝없이 진화하는 무서운 전염병	25 오늘도 나쁨! 작아서 더 무서운 미세먼지	35 배울수록 더 강해지는 인공 지능
04 까만 우주 속 작은 별	15 지구 온난화와 탄소배출권	26 식량 위기에서 인류를 구할 미래 식량	36 창조론이냐? 진화론이냐?
05 노벨도 깜짝 놀란 노벨상	16 먹을까? 말까? 먹거리 X파일	27 썩지 않는 플라스틱! 지구와 인간을 병들게 하는 환경 호르몬	37 다윈이 들려주는 진짜진짜 진화론
06 지켜라! 멸종 위기의 동식물	17 우리 몸을 흐르는 피와 혈액형		38 모두모두 소중한 생명 멈춰요 동물 실험
07 도로시의 과학 수사대	18 진짜? 가짜? 가상현실과 증강현실	28 나와 똑같은 또 다른 나, 인간 복제	39 유해할까? 유용할까? 생활 속 화학 물질
08 살아 있는 백두산	19 두근두근 신비한 우리 몸속 탐험	29 미래의 디지털 첨단 의료	40 과학자가 가져야 할 덕목, 과학자 윤리와 책임
09 콜록콜록! 오늘의 황사 뉴스	20 우리를 위협하는 자연재해	30 땅속 보물을 찾아라! 지하자원과 희토류	
10 앗 이런 발명가, 와! 저런 발명품	21 봄? 가을? 경계가 모호해지는 사계절	31 농사일부터 우주 탐사까지, 미래는 드론 시대	
11 아낄수록 밝아지는 에너지	22 세균과 바이러스 꼼짝 마! 약과 백신	32 알쏭달쏭 미지의 세계, 뇌	

이 공부다!
인재를 위한 교과서

과학토론왕
과학토론왕 40권 + 독후활동지 40권
전 80종 / 정가 580,000원

사회토론왕
사회토론왕 40권 + 독후활동지 40권
전 80종 / 정가 580,000원

- 한우리 추천도서
- 경향신문 추천도서
- 경기도 초등토론 교육연구회 추천
- 경기도 지부 독서 골든벨 선정도서
- 환경정의 어린이 환경책 권장도서
- 한국 아동문학인협회 우수도서
- 학교도서관 사서협의회 추천도서

서 선정 도서! ✅활용 만점 독후 활동지 각 권 제공!
문가들이 강력 추천한 책!

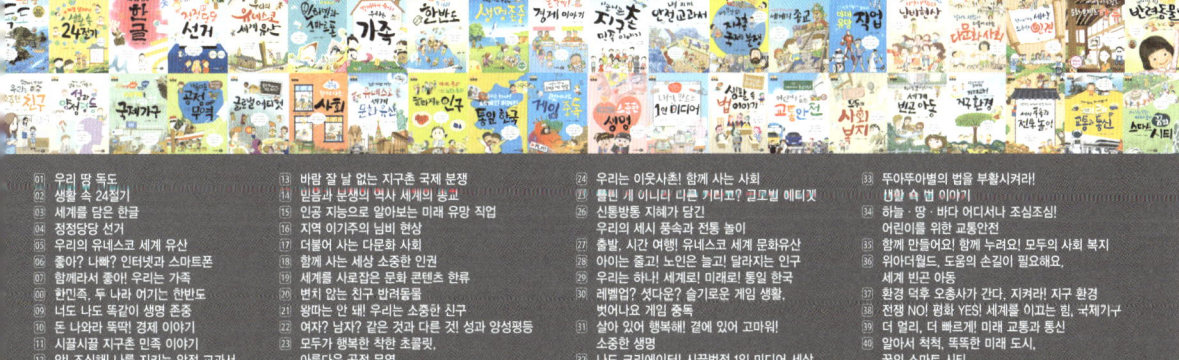

01 우리 땅 독도	13 바람 잘 날 없는 지구촌 국제 분쟁	24 우리는 이웃사촌! 함께 사는 사회	33 뚜아뚜아별의 법을 부활시켜라!
02 생활 속 24절기	14 믿음과 분쟁의 역사 세계의 종교	25 틀린 게 아니라 다른 키리코? 글로벌 에티켓	34 내 안 속 벌 이야기
03 세계를 담은 한글	15 인공 지능으로 알아보는 미래 유망 직업	26 신통방통 지혜가 담긴	35 하늘·땅·바다 어디서나 조심조심!
04 정정당당 선거	16 지역 이기주의 님비 현상	우리의 세시 풍속과 전통 놀이	36 어린이를 위한 교통안전
05 우리의 유네스코 세계 유산	17 더불어 사는 다문화 사회	27 출발, 시간 여행! 유네스코 세계 문화유산	37 함께 만들어요! 함께 누려요! 모두의 사회 복지
06 좋아? 나빠? 인터넷과 스마트폰	18 함께 사는 세상 소중한 인권	28 아이는 줄고 노인은 늘고! 달라지는 인구	38 위아더월드, 도움의 손길이 필요해요.
07 함께라서 좋아! 우리는 가족	19 세계를 사로잡은 문화 콘텐츠 한류	29 우리는 하나! 세계로! 미래로! 통일 한국	세계 빈곤 아동
08 한민족, 두 나라 여기는 한반도	20 변치 않는 친구 반려동물	30 레벨업? 셧다운? 슬기로운 게임 생활,	37 환경 덕후 오춘사가 간다, 지켜라! 지구 환경
09 너도 나도 똑같이 생명 존중	21 왕따는 안 돼! 우리는 소중한 친구	벗어나요 게임 중독	38 전쟁 NO! 평화 YES! 세계를 이끄는 힘, 국제기구
10 돈 나와라 뚝딱! 경제 이야기	22 여자? 남자? 같은 것과 다른 것! 성과 양성평등	31 살아 있어 행복해! 곁에 있어 고마워!	39 더 멀리, 더 빠르게! 미래 교통과 통신
11 시끌시끌 지구촌 민족 이야기	23 모두가 행복한 착한 초콜릿,	소중한 생명	40 알아요 척척, 똑똑한 미래 도시,
12 앗! 조심해! 나를 지키는 안전 교과서	아름다운 공정 무역	32 나도 크리에이터! 시끌벅적 1인 미디어 세상	꿈의 스마트 시티

뭉치수학왕

수학이 쉬워지고, 명작보다 재미있는

100만 부 판매 돌파!

"인공지능(AI) 시대의 힘은 수학에서 나온다!"

개념 수학

〈수와 연산〉
1. 양치기 소년은 연산을 못한대
2. 견우와 직녀가 분수 때문에 싸웠대
3. 가우스, 동화 나라의 사라진 0을 찾아라
4. 가우스는 소수 대결로 마녀들을 물리쳤어
5. 앨런, 분수와 소수로 악당 히들러를 쫓아내라
6. 약수와 배수로 유령 선장을 이긴 15소년

〈도형〉
7. 헨젤과 그레텔은 도형이 너무 어려워
8. 오일러와 피노키오는 도형 춤 대회 1등을 했어
9. 오일러, 오즈의 입체도형 마법사를 찾아라
10. 유클리드, 플라톤의 진리를 찾아 도형 왕국을 구하라
11. 입체도형으로 수학왕이 된 앨리스

〈측정〉
12. 쉿! 신데렐라는 시계를 못 본대

13. 알쏭달쏭 알라딘은 단위가 헷갈려
14. 아르키는 어림하기로 걸리버 아저씨를 구했어
15. 원주율로 떠나는 오디세우스의 수학 모험

〈규칙성〉
16. 떡장수 할머니와 호랑이는 구구단을 몰라
17. 페르마, 수리수리 규칙을 찾아라
18. 피보나치, 수를 배열해 비밀의 방을 탈출하라
19. 비례배분으로 보물섬을 발견한 해적 실버

〈자료와 가능성〉
20. 아기 염소는 경우의 수로 늑대를 이겼어
21. 파스칼은 통계 정리로 나쁜 왕을 혼내 줬어
22. 로미오와 줄리엣이 첫눈에 반할 확률은?

〈문장제〉
23. 개념 수학-백점 맞는 수학 문장제①
24. 개념 수학-백점 맞는 수학 문장제②
25. 개념 수학-백점 맞는 수학 문장제③

융합 수학
26. 쌍둥이 건물 속 대칭축을 찾아라(건축)
27. 열차와 배에서 배수와 약수를 찾아라(교통)
28. 스포츠 속 황금 각도를 찾아라(스포츠)
29. 옷과 음식에도 단위의 비밀이 있다고?(음식과 패션)
30. 꽃잎의 개수에 담긴 수열의 비밀(자연)

창의 사고 수학
31. 퍼즐탐정 썰렁홈즈①-외계인 스콜피오스의 음모
32. 퍼즐탐정 썰렁홈즈②-315일간의 우주여행
33. 퍼즐탐정 썰렁홈즈③-뒤죽박죽 백설 공주 구출 작전
34. 퍼즐탐정 썰렁홈즈④-'지지리 마란드러' 방학 숙제 대작전
35. 퍼즐탐정 썰렁홈즈⑤-수학자 '더하길 모테'와 한판 승부

36. 퍼즐탐정 썰렁홈즈⑥-설국언자 기관사 '어러도 달리는기라'
37. 퍼즐탐정 썰렁홈즈⑦-해설 및 정답

수학 개념 사전
38. 수학 개념 사전①-수와 연산
39. 수학 개념 사전②-도형
40. 수학 개념 사전③-측정·규칙성·자료와 가능성

독후 활동지

**본책 40권 + 독후 활동지 7권
정가 580,000원**